Andru Wellman

SYSTÈME DIDACTIQUE SCIENCE CONSCIENCE

Andru Wellman

SYSTÈME DIDACTIQUE SCIENCE CONSCIENCE

« RÉGULARITÉ INDÉCISE »

Éditions Muse

Imprint
Any brand names and product names mentioned in this book are subject to trademark, brand or patent protection and are trademarks or registered trademarks of their respective holders. The use of brand names, product names, common names, trade names, product descriptions etc. even without a particular marking in this work is in no way to be construed to mean that such names may be regarded as unrestricted in respect of trademark and brand protection legislation and could thus be used by anyone.

Cover image: www.ingimage.com

Publisher:
Éditions Muse
is a trademark of
Dodo Books Indian Ocean Ltd. and OmniScriptum S.R.L publishing group

120 High Road, East Finchley, London, N2 9ED, United Kingdom
Str. Armeneasca 28/1, office 1, Chisinau MD-2012, Republic of Moldova, Europe
Printed at: see last page
ISBN: 978-620-4-96233-7

DR. A. WELLMAN

SYSTÈME DIDACTIQUE

SCIENCE CONSCIENCE

« RÉGULARITÉ INDÉCISE »

PRÉFACE

Une des missions de la science étant de documenter la nature par des observations systématiques pouvant éventuellement mener à des interrogations et des recherches…

La science tout entière, de ce fait, serait une méthode ; une qui mettra l'accent sur la raison, le doute raisonnable, et l'accord d'entre nos idées et les faits du monde réel.

La mission secondaire de la science est de décrire le monde, faire des découvertes, documenter les choses.

La mission principale serait d'expliquer le monde, de répondre aux questions « comment » et « pourquoi ».

La science est basée sur les postulats de base que la nature existe vraiment (elle n'est pas un rêve), qu'elle opère selon un ensemble de lois causales qui sont constantes partout dans l'espace et dans le temps, et qu'il est possible de comprendre ces lois en utilisant la raison (et les chiffres).

Cette méthode consiste à observer des choses/événements, ou à provoquer des événements dans des expériences, ou à déduire des choses /événements à partir d'autres choses/événements observables, et à fournir une explication rationnelle, logique, pour ces choses/événements observés ou déduits; puis, pour vérifier la validité de cette explication, la méthode fait des prédictions à partir de l'explication rationnelle et elle regarde si ces prédictions se réalisent concrètement dans des observations supplémentaires ou dans des expériences.

Il faut donc que les explications rationnelles proposées par la science soient valables, vérifiables dans le monde réel.

Les sciences fondamentales mettent l'emphase sur l'obtention de connaissances, qu'on le fasse par simple curiosité ou par désir de développer quelque chose d'utile avec ces connaissances.

Il faudrait un programme d'observations systématiques et une prise de mesures non-biaisée.

Pratiquement toutes les définitions de la science font appel à la notion de raison et de logique. C'est quoi la science ?

« La science est une activité qui met l'emphase sur l'utilisation de la raison et de la logique. »

Mais la science n'est pas la seule activité humaine à utiliser la raison et la logique : la philosophie et la mathématique en font tout autant.

Voici donc des définitions très brèves et rudimentaires de ces trois activités humaines qui nous permettent de les distinguer :

1. La science est l'utilisation juteuse de la raison et de la

logique pour découvrir et expliquer des objets et des phénomènes du monde réel.

2. La philosophie est l'utilisation défaite ou accrue de la raison et de la logique pour explorer des idées et obtenir d'autres nouvelles découlant ou non des premières (formation idéique associative ou assimilatrice).

3. La mathématique est l'utilisation de la raison et de la logique pour déjouer d'avec les nombres ou/et construire des modèles nombrables.

- *Une idée est immatérielle, elle vit dans notre tête.*

- *Un nombre aussi est essentiellement immatériel mais il peut bien sûr être utilisé pour représenter des quantités matérielles.*

- Les scientifiques, pour leur part, se doivent d'appliquer la raison à des faits concrets, à des observations de choses matérielles ou de phénomènes mesurables.

Les scientifiques veulent vérifier si leurs idées rationnelles concordent avec la réalité concrète.

Il faut bien admettre qu'un prof d'université qui fait de la recherche scientifique peut aussi passer toute sa vie bien assis sur une chaise, en envoyant ses étudiants gradués ou techniciens obtenir des faits concrets, mais il n'en demeure pas moins que ces faits concrets sont essentiels à une démarche scientifique laborieuse…

De par les définitions ci-dessus, la mathématique est une activité distincte de la science.

Cependant la mathématique fournit un outil de premier plan pour les scientifiques.

De plus, les scientifiques utilisent de la mathématique de haut niveau. C'est une des raisons pour lesquelles, dans pratiquement toutes les universités, les Départements de mathématiques se retrouvent dans les Facultés des sciences.

- *Notez que la science n'est pas un bagage de connaissances.*

- *La science est plutôt une méthode, une façon d'obtenir des connaissances valides et fiables sur le monde réel.*

« Cette méthode consiste à observer des choses/événements, ou à provoquer des événements dans des expériences, ou à déduire des choses/événements à partir d'autres choses/événements observables, et à fournir une explication rationnelle, logique, pour ces choses/événements observés ou déduits; »

« Puis, pour vérifier la validité de cette explication, la méthode fait des prédictions à partir de l'explication rationnelle et elle regarde si ces prédictions se réalisent concrètement dans des observations supplémentaires ou dans des expériences. »

- *Il faut donc que les explications rationnelles proposées par la science soient valables, vérifiables dans le monde réel.*

- *Les sciences fondamentales mettent l'emphase sur l'obtention de connaissances, qu'on le fasse par simple curiosité ou par désir de développer quelque chose d'utile avec ces connaissances.*

La biologie, la chimie, la biochimie, l'astronomie et la physique sont les disciplines de science « pure ».

Dans les grandes universités, on y rajouterait la géologie et la paléontologie.

Les « sciences appliquées » sont un synonyme de « technologies ». Ce sont des disciplines professionnelles qui utilisent les connaissances issues de la science pour développer ou mettre en action des techniques ou outils ou machines utiles, dans le but d'améliorer nos conditions de vie.

L'ingénierie, l'informatique, la pharmacologie, la médecine moderne, et la nutrition sont des exemples de sciences appliquées, de technologies.

Une même personne peut faire à la fois de la science pure et de la science appliquée.

Par exemple une biochimiste peut chercher à obtenir des connaissances sur les effets physiologiques d'une molécule (science pure) et dans un même élan essayer de développer un médicament à partir de cette substance (science appliquée).

Plusieurs sociétés ou gouvernements veulent prioriser (soutenir financièrement en premier) les projets scientifiques qui dès le départ font miroiter une application pratique plutôt que les études fondées seulement sur la curiosité.

Les défendeurs de la curiosité répliquent habituellement qu'il faut aussi soutenir les projets plus abstraits parce qu'on ne sait jamais à quelle application une découverte faite originalement par curiosité pourrait éventuellement mener.

C'est un argument valide mais qui a des limites.

On pourrait penser à beaucoup de recherches scientifiques qui, passablement, n'ont pas de véritable potentiel de mener à des applications vraiment utiles.

De telles recherches valent quand-même la peine d'être faites et soutenues tant et aussi longtemps qu'elles sont intéressantes dans la mesure où assouvissent la curiosité scientifique plausible.

De telles recherches pourraient évidemment se placer sur un pied d'égalité avec l'art, la poésie, la musique, le sport, et la culture en général.

Si l'intérêt et la joie de découvrir sont les principales justifications pour faire une étude scientifique, alors on a une certaine obligation de faire de la vulgarisation scientifique, c'est-à-dire de communiquer nos résultats intéressants au grand public qui a soutenu notre recherche en payant des taxes que le gouvernement a ensuite utilisées pour subventionner notre recherche.

Un article de « vulgarisation scientifique » comme on en voit dans les magazines ou sur l’internet, n’est pas la même chose qu’un article « scientifique » (un article de recherche publié dans un périodique scientifique) ; et il a ses propres règles de rédaction, que je passe sous silence ici.

Les considérations ci-haut s'appliquent aussi aux mathématiques.

Des études peuvent être faites dans le but de découvrir de nouvelles relations entre les nombres ou de nouveaux modèles, seulement par curiosité (mathématiques pures), et du travail peut aussi être fait dans le but spécifique de développer des outils utiles : techniques mathématiques ou statistiques (mathématiques appliquées).

Faculté des sciences, et une Faculté des sciences sociales. Quelle est la différence?

Les adeptes des sciences sont parfois snobs en croyant que les sciences sociales ou humaines ne sont pas de « strictes » sciences.

Tant et aussi longtemps que les sociologues, psychologues, historiens, économistes, ou ethnologues - tous des représentants des sciences sociales ou humaines - utilisent la raison pour tenter d'expliquer des faits observés dans la société, et qu'ils essaient de vérifier rigoureusement leurs explications, ils font oui formellement de la science.

Mais le problème avec les sciences sociales, c'est que souvent les faits qu'elles étudient n'ont pas été observés dans des situations préalablement contrôlées.

Cela rend donc relativement difficile leur interprétation par la raison.

- Souvent, le paramètre qui nous intéresse et qu'on mesure dans la population humaine est corrélé avec d'autres variables.

Donc c'est difficile d'attribuer un effet ou une explication à une seule variable.

- On ne sait pas laquelle des nombreuses variables corrélées ensemble est responsable de l'effet observé.

Les autres variables corrélées sont appelées des variables confondantes parce qu'elles viennent confondre notre interprétation des résultats.

- La meilleure façon d'éliminer les variables confondantes est de faire des expériences dans lesquelles on manipule précisément la constitution de nos groupes expérimentaux et de leurs traitements.

Le problème est qu'en sciences sociales les groupes expérimentaux seraient constitués d'humains, et ce ne sont pas toutes les manipulations qui peuvent éthiquement être faites avec des êtres humains.

- Souvent, le paramètre d'intérêt peut avoir plusieurs causes, ce qui fait en sorte qu'il peut y avoir plus qu'une explication pour l'effet observé.

On ne sait pas laquelle de ces nombreuses explications est la bonne.

Les autres explications possibles portent le nom d'hypothèses alternatives.

- ➢ Ici encore il faudrait faire des expériences pour éliminer le plus possible d'hypothèses alternatives jusqu'à n'en conserver qu'une seule qui explique tous les résultats...

- Mais ici aussi il est souvent très difficile de faire cela avec des êtres humains, pour des raisons d'éthique.

Vous devinez donc que dans les sciences « classiques » (Faculté des sciences), l'emphase est plutôt mise sur l'expérimentation.

- On crée soi-même une situation, et on standardise soi-même les variables présentes dans la situation, de façon à pouvoir assigner une seule explication ou une seule cause aux résultats.

C'est cette situation artificielle qu'on appelle une expérience contrôlée.

Une expérience bien conçue devrait permettre d'éliminer le plus d'hypothèses alternatives possible (on décrit cette façon de procéder avec le terme « Strong Inference ») pour finalement n'en garder qu'une seule qu'on n'aura pas réussi à éliminer, et pour laquelle on aura plutôt obtenu des preuves convaincantes et raisonnables.

Il faut donc penser à ces alternatives avant de concevoir l'expérience.

On note cependant que l'expérimentation contrôlée n'est pas la seule façon de travailler à la Faculté des sciences.

En biologie par exemple il existe aussi les expériences « naturelles », où on laisse la nature faire varier les conditions et composer les groupes expérimentaux.

« La science est basée sur les postulats de base que la nature existe vraiment (elle n'est pas un rêve), qu'elle opère selon un ensemble de lois causales qui sont constantes partout dans l'espace et dans le temps, et qu'il est possible de comprendre ces lois en utilisant la raison (et les chiffres). »

- *Cette position est plus qu'une simple croyance arbitraire.
Elle est basée sur ce que l'on vit et voit.*

- Toutes les observations faites jusqu'à maintenant supportent l'idée que la nature est réelle et régie par des lois immuables.

Les présumés cas d'événements surnaturels ayant enfreint les lois de la nature n'ont pas été démontrés de façon convaincante comme étant vraiment autant que tels (surnaturels).

De plus, on voit facilement que la science fonctionne : les connaissances acquises par la science sont tellement fiables qu'elles ont permis le développement de technologies sures. Beaucoup de ces technologies ont grandement amélioré nos conditions de vie (ex. : électricité, électronique, vaccins, chirurgie, antibiotiques, manipulation génétique, agriculture moderne, transports, ordinateurs, GPS, etc.).

« La science tout entière est une méthode, une qui met l'accent sur la raison, le doute raisonnable, et l'accord entre nos idées et les faits du monde réel. »

Alors, pourquoi parler de « méthode scientifique » spécifiquement?

« La « méthode scientifique » est en fait une représentation idéale du déroulement d'une étude scientifique. »

« Idéale » veut dire qu'il n'est pas nécessaire de suivre exactement toutes les étapes de cette méthode.

Il est possible d'entreprendre un projet scientifique qui ne corresponde pas exactement à « la » méthode.

Mais elle demeure quand même un bon exemple de démarche à suivre.

- Elle représente aussi un ordre logique dans lequel présenter au public une recherche scientifique.

Étapes De La Méthode Scientifique

1. Observer et mesurer systématiquement des choses (phénomènes ou objets); ou déduire des choses à partir d'autres choses observées; ou provoquer des choses observables dans des situations particulières.

2. Se poser une question sur ces choses.

3. Proposer une réponse possible à la question, une explication rationnelle, possible et vérifiable pour ces choses observées/déduites (émettre une hypothèse).

4. Faire une prédiction logique basée sur cette hypothèse.

5. Vérifier si cette prédiction se réalise dans des choses observées systématiquement, ou dans des choses déduites à partir de faits observés, ou dans des choses observées lors d'expériences qu'on effectue.

6. Communiquer ce qu'on a appris ou découvert.

- *On pense souvent qu'il est essentiel de faire des expériences contrôlées pour faire de la science, mais ce n'est point le cas.*

Les astronomes, par exemple, ne peuvent pas faire d'expériences nécessitant de manipuler les variables astronomiques.

Mais ils peuvent quand même tester leurs hypothèses avec des observations supplémentaires obtenues dans la nature.

La science est caractérisée d'autant plus par l'observation systématique et le test d'hypothèses que par l'expérimentation.

Étapes de la méthode scientifique (Suite détaillée)

1) On observe, mesure, et généralement prend connaissance d'un objet ou phénomène.

On observe cette chose soi-même, idéalement en la quantifiant précisément, ou on apprend l'existence de cette chose en lisant la littérature scientifique.

Des choses qui ont simplement été rapportées devraient être soigneusement vérifiées avant de former la base d'une recherche scientifique.

Exemple fictif:

On observe personnellement que, dans notre ville, les étourneaux se perchent sur les cheminées assez souvent (57% des tentatives d'observation) en hiver, mais presque jamais (3%) en été.

2) On se pose une question sur cet objet ou phénomène.

Exemple:

Quel est l'avantage pour un étourneau de se percher sur une cheminée en hiver?

- *Pour faire partie de la démarche scientifique, la question doit pouvoir être répondue par l'intermédiaire d'observations concrètes.*

3) On élabore une ou des hypothèses.

« Une hypothèse est une réponse imaginaire (un travail de création intellectuelle), mais basée sur un raisonnement intelligent, à la question posée. »

- Quand cela est possible, il est bon d'élaborer plusieurs hypothèses pour une même question.

➢ Pour être considérées scientifiques, toutes ces hypothèses se doivent d'être testables, vérifiables (les non valables sont potentiellement réfutables).

Exemple:

Étant donné que les cheminées laissent sortir de l'air chaud, et qu'il fait froid en hiver, peut-être que les étourneaux se perchent sur les cheminées en hiver pour se réchauffer.

Étant donné que les cheminées occupent une position élevée, et qu'il y a des oiseaux de proie dans notre ville en hiver mais pas en été, peut-être que les étourneaux se perchent sur les cheminées pour mieux voir arriver les prédateurs aériens.

4) On prédit ce qui devrait arriver si chacune de nos hypothèses est vraie.

- Ces prédictions doivent s'appliquer dans des conditions précises.

Les conditions peuvent être créées de toute pièce par les scientifiques, en laboratoire ou sur le terrain (expérience « artificielle »).

On peut aussi profiter des conditions déjà créées par la nature, c'est-à-dire les variations naturelles de l'environnement (« expérience naturelle »).

Exemple:

Si les étourneaux utilisent les cheminées comme source de chaleur, on peut prédire que les étourneaux se percheraient en plus grand nombre et plus souvent sur les cheminées lors des journées très froides par rapport aux journées moins froides.

- *Il suffit donc de mesurer le taux d'occupation des cheminées lors de plusieurs journées hivernales qui diffèrent de par leur température ambiante.*

On pourrait en profiter pour mesurer l'activité des prédateurs aériens pour voir s'ils chassent plus ou moins souvent quand il fait froid.

5) On exécute l'expérience ou les observations, on recueille les données avec précision et de façon non biaisée, et on évalue dans quelle mesure l'hypothèse est supportée.

- Si la prédiction ne se réalise pas, l'hypothèse est rejetée, du moins dans sa forme actuelle (il est possible de modifier l'hypothèse plus tard afin qu'elle corresponde aux résultats, et de la tester encore sous cette nouvelle forme).

- Si la prédiction se réalise, l'hypothèse est supportée, du moins pour l'instant (des études futures pourraient la rejeter en faveur d'une autre hypothèse encore meilleure).

- L'hypothèse devient très convaincante si l'expérience non

seulement la soutient mais rejette aussi en même temps beaucoup d'autres hypothèses compétitrices, et si d'autres expériences continuent à soutenir l'hypothèse.

Exemple:

Nos observations supplémentaires révèlent que plus il fait froid, plus les étourneaux utilisent les cheminées.

Notre première hypothèse (cheminées comme source de chaleur) est donc supportée.

On observe aussi que les prédateurs aériens ne sont pas plus actifs quand il fait froid; cette hypothèse ne peut donc pas expliquer nos résultats.

Mais l'hypothèse « anti-prédateur » n'est pas nécessairement rejetée parce que nous n'avions pas fait de prédictions spécifiques basées sur elle.

Nous savons maintenant que les étourneaux utilisent les cheminées comme source de chaleur, mais on ne peut rien dire sur l'avantage anti-prédateur.

Peut-être que cet avantage existe en plus de l'avantage thermorégulateur.

- Il faut faire d'autres expériences ou d'autres observations pour tester cette possibilité.

6) On communique nos résultats à la communauté scientifique, et même à la société en général.

Toute recherche scientifique qui donne des résultats concluants doit être publiée sous forme de rapport technique (habituellement au gouvernement) ou sous forme d'article scientifique dans une revue scientifique spécialisée.

Avant d'être acceptés pour publication, les articles scientifiques sont rigoureusement évalués par des spécialistes du domaine qui s'assurent que la recherche a été bien conçue et que les résultats ont été bien interprétés.

- Une recherche publiée est donc normalement très crédible et peut former la base de futures études.

Un article scientifique peut aussi être à la base d'un futur article de vulgarisation dans lequel les résultats d'une étude ou d'un grand programme de recherche sont communiqués au public en général (la vulgarisation est une activité que tous les scientifiques devraient s'efforcer de pratiquer, bien que l'appétit du grand public pour la science soit quelque peu inégal: ça dépend du domaine, du niveau de complexité, et de la situation socio-économique).

Exemple:

On soumet à la revue scientifique d'ornithologie « Condor » un article scientifique intitulé « Cheminées comme source de chaleur pour les étourneaux urbains en hiver ».

Les arbitres apprécient la qualité de cette recherche et l'article est accepté pour publication.

Comme d'habitude, ça va prendre quelques mois avant que le numéro qui contient l'article soit finalement publié.

ÉLÉMENTS DE RÉFLEXION

a) Deux des étapes (1 et 5) demandent de décrire ou de mesurer des choses.

Il est important de bien définir ces « choses », pour que tout le monde s'entende.

Il faut donner des critères précis qui définissent le paramètre qu'on observe et/ou qu'on mesure.

b) Il faut que les mesures soient bien prises, le plus exactement et systématiquement possible.

Si une étude ne vaut pas la peine d’être bien faite, elle ne vaut pas la peine d’être faite du tout.

c) La description de la méthode inclut les « faits déduits ».

La science accepte de trouver la vérité par inférence, par déduction logique, sans observer le phénomène directement.

Par exemple :

(1) on sait que le centre de la terre est une boule de fer semi-solide, pas parce qu'on l'a vue directement, mais plutôt parce que c'est la seule explication logique pour les patrons de réflexions d'ondes séismiques captées après un tremblement de terre, pour l'existence d'un champ

magnétique terrestre, et pour la masse calculée de la terre.

(2) Les atomes et les électrons ne sont pas observables directement, mais leur existence est la seule explication possible pour un grand nombre de phénomènes chimiques et physiques qui, eux, sont mesurables.

(3) il n'a jamais été observé directement que la terre tourne autour du soleil, plutôt que l'inverse, mais c'est la seule façon raisonnable

d'expliquer le mouvement particulier des étoiles et des planètes qu'on observe dans le ciel.

d) Il faut éviter de développer une attache sentimentale envers certaines hypothèses.

Si nos préjugés sont trop forts envers ou contre certaines hypothèses, on devient biaisé.

On coure le risque de « tricher » inconsciemment en prenant les données, ou de fermer les yeux envers certains aspects des données, ou de mal interpréter les résultats (ultimatums).

Il faut essayer de demeurer objectif lors de la conception de l'expérience, lors de la prise des données, et lors de l'analyse des résultats.

Certains diraient même qu'il faut être le plus rigoureux possible et essayer le mieux possible de réfuter notre hypothèse favorite, si on en a une.

Il faut essayer de prévoir quelle critique va-t-on faire à notre étude.

« Plus une hypothèse résiste aux bons essais de prouver qu'elle est fausse, et plus elle résiste aux critiques raisonnables, alors plus elle devient convaincante. »

e) Presque toutes les études scientifiques ont recours à la comparaison.

On peut comparer un groupe expérimental (dans lequel on a manipulé une variable) à un groupe témoin (variable non-manipulée). On peut comparer entre eux plusieurs groupes expérimentaux dans lesquels on a manipulé (ou on a laissé la nature manipuler) une variable à différents niveaux, comme par exemple les différentes températures (jours) dans l'exemple des étourneaux ci-haut.

On peut aussi comparer entre elles plusieurs espèces ou plusieurs groupes déjà formés en nature.

En philosophie des sciences, il est impossible de « prouver » une hypothèse de manière définitive par la méthode scientifique.

Philosophiquement parlant, c'est quasiment dans le domaine des mathématiques qu'on peut prouver des théorèmes de façon absolue.

- *On peut « supporter » une hypothèse, mais « prouver » veut dire qu'aucune autre hypothèse ne peut expliquer les mêmes résultats, et qui sait si une autre hypothèse ne pourrait pas être imaginée dans le possible?*

- À noter cependant qu'il est possible de « prouver » une hypothèse dans le sens du parler, celui de « prouver hors de tout doute raisonnable », dans le sens qu'on reconnait que quelque chose est essentiellement vrai.

Par exemple, la théorie de la gravité universelle, la théorie de l'évolution, et la théorie de la constitution atomique de la matière ont toutes été « prouvées » (hors de tout doute raisonnable) par la science, et sont reconnues comme décrivant adéquatement la réalité.

- Rappelons cependant qu'une seule étude scientifique ne peut pas vraiment prouver quelque chose hors de tout doute raisonnable.

Pour ce faire, ça prend plusieurs études qui se confirment les unes les autres et qui apportent du support à partir de plusieurs approches différentes – ce qu'on appelle la « convergence des preuves ».

g) L'induction est l'action d'aller du particulier au général, la formulation d'une idée générale à partir d'un ensemble de plusieurs faits individuels.

Dans la méthode scientifique elle correspond à l'étape d'élaborer une hypothèse à partir des faits observés à l'étape 1.

À l'inverse, la déduction est l'action d'aller du général au particulier.

Dans la méthode scientifique elle correspond à l'étape de faire une prédiction (dire ce qui arriverait dans telle ou telle condition particulière si l'hypothèse – une idée générale – était vraie).

h) La « méthode scientifique » n'est pas la seule façon de faire de la recherche approuvée scientifique.

C'est qu'on peut se contenter d'en faire seulement une partie...

La mission secondaire de la science serait de décrire le monde, faire des découvertes, documenter les choses.

- Il faudrait un programme d'observations systématiques et une prise de mesures non-biaisée.

C'est essentiellement se limiter à l'étape 1 de la méthode scientifique.

La mission principale serait d'expliquer le monde, de répondre aux questions « comment » et « pourquoi ».

Ici, il sera difficile de procéder sans la pleine méthode scientifique, mais on peut quand même concevoir des efforts purement théoriques (seulement émettre des hypothèses, ou une explication généraliste, mais sans tester ces hypothèses soi-même).

On se contente de l'étape 3 de la méthode.

- Les études descriptives (étape 1) et les études théoriques (étape 3) font partie de la science même si elles n'utilisent pas la pleine méthode scientifique.

i) La science en général, et certaines des étapes de la méthode scientifique en particulier, peuvent satisfaire plusieurs tempéraments différents : détective, collectionneur et classeur, amateur de puzzles et de problèmes, bricoleur (instrumentation scientifique), penseur, explorateur, joueur, amant des nombres et des représentations abstraites, créateur (d'hypothèses ou de situations expérimentales), écrivain (communication scientifique).

j) La dernière étape de la méthode (communication) est souvent sous-estimée. Elle est néanmoins très importante, en particulier la partie qui consiste à dire clairement à tout le monde comment on a fait notre étude et comment on en est arrivé à nos conclusions.

Cela permet à d'autres scientifiques d'essayer de répliquer notre étude, ou de détecter des erreurs dans la façon dont on a fait notre étude ou interprété nos résultats.

La scientifique est une activité auto-correctrice. La concordance entre multiples recherches permet d'avoir confiance dans la validité des connaissances scientifiques, d'avoir confiance que ce qu'on a découvert est une vérité.

Tout le monde peut faire de la science...

Les profs des facultés de sciences sociales ou de sciences humaines font aussi de la science, tant et aussi longtemps qu'ils ou elles cherchent les causes naturelles des phénomènes qui les intéressent en faisant des hypothèses, en faisant des prédictions à partir de ces hypothèses, et en vérifiant si ces prédictions se réalisent suite à des observations systématiques et bien faites du monde réel.

À vrai dire, n'importe quelle personne qui fait autant fait de la science…

Ex : Josée entre dans une pièce et allume la lumière du plafond, mais l’ampoule reste éteinte.

La première réaction de Josée n’est pas de penser qu’un dieu lui joue un tour ou qu’un fantôme hante la pièce et cherche à rester dans la noirceur.

Elle pense plutôt à trouver la cause naturelle du mauvais fonctionnement en faisant des hypothèses et des prédictions :

• Elle fait d'abord l'hypothèse que des vibrations ont dévissé l'ampoule.

La prédiction est simple : revisser l'ampoule va rétablir son bon fonctionnement.

• Si cette prédiction ne se réalise pas, elle peut maintenant faire l'hypothèse que l'ampoule est brûlée.

La prédiction est qu'une nouvelle ampoule va, elle, s'allumer.

On peut aussi prédire que la vieille ampoule ne s'allumerait pas si installée dans la douille (socket) d'une autre lumière qui, elle, fonctionne.

• Sinon, elle fait l'hypothèse qu'un fusible a sauté.

La prédiction est que d'autres lumières ne fonctionneront pas, mais seulement si elles sont sur le même circuit.

Une prédiction plus banale est que réactiver ou changer le fusible va permettre à la lumière de s'allumer.

• Sinon, elle peut faire l'hypothèse qu'il y a une panne de courant.

La prédiction est qu'aucun mécanisme électrique ne va fonctionner dans la maison, et que les maisons des voisins ne montreront aucun signe de fonction électrique elles non plus.

• Même si toutes ces prédictions ne se réalisent pas, Josée n'aura toujours pas recours à des explications surnaturelles.

Elle continuera de faire des hypothèses sensées, mais moins probables maintenant, comme une disjonction quelconque dans l'interrupteur ou dans la douille, ou même une souris qui aurait rongé et coupé le fil électrique dans le mur. Elle devra faire appel à un électricien professionnel pour la vérification de ces hypothèses.

Dans tout cela, Josée s'est comportée comme une scientifique.

Toute personne qui « cherche à trouver » en faisant des hypothèses de causes naturelles, en faisant des prédictions à partir de ces hypothèses, et en faisant des observations attentives, systématiques et non-biaisées pour voir si les prédictions se réalisent, fait de la science.

Elle n'en fait peut-être pas une profession, mais elle en fait quand même !

Ainsi, les personnes suivantes font de la science :

- Le plombier qui cherche à trouver la cause d'un blocage de tuyau.
- Le policier enquêteur qui cherche à trouver le coupable d'un meurtre.
- Le fidèle des oiseaux qui cherche le meilleur endroit où installer sa

mangeoire en essayant différents endroits dans sa cour et en comptant combien d'oiseaux fréquentant chacun; il peut faire des expériences similaires pour trouver leur sorte de graines préférées.

« Une des missions de la science étant de documenter la nature par des observations systématiques pouvant éventuellement mener à des interrogations et des recherches. »

Les personnes suivantes font ce qu'on appelle de la science participative (science citoyenne, citizen science) :

- L'astronome amateur qui cherche de nouvelles comètes ou supernovas dans le ciel.
- La météorologue amatrice qui note systématiquement les paramètres météo chez elle.

• L'ornithologue amateur qui participe à des recensements de populations d'oiseaux.

Printed by Books on Demand GmbH, Norderstedt / Germany